Gastronomie Swahili Romantique

Par Benn Haidari

Published by New Generation Publishing in 2013

Copyright © Par Benn Haidari 2013

First Edition

www.newgeneration-publishing.com

New Generation Publishing

L'auteur

Table des matières

Introduction

Plage de sable blanc aux Comores

La côte swahili de l'Afrique orientale laisse une plus forte impression au visiteur que pour son île de prédilection. La région est un amalgame d'histoire exotique, de cultures anciennes, et de plages tropicales de sable blanc. Vous avez sur ces anciens rivages des lieux merveilleux pour profiter du soleil, des plages exotiques, la plongée sous-marine, la planche à voile, le golf, la voile, la pêche en haute mer, les discothèques, le voyage dans le temps, l'achat de souvenirs, des cuisines fines et épicées, et bien plus encore.

La côte swahilie s'étend sur près 2900 km le long de la la Côte de l'Afrique de l'Est, dans l'Océan Indien, de Mogadiscio en Somalie du Sud au nord du Mozambique. Cette côte a été la porte d'entrée qui a permis, par le biais des échanges commerciaux et culturels, à l'Afrique de l'Est de communiquer avec le monde extérieur depuis au moins le 2ème siècle après JC. Les premiers habitants de la côte est-africaine étaient des Africains bantous, qui étaient pêcheurs, chasseurs-cueilleurs et agriculteurs. Ils sont d'abord entrés en contact avec le monde extérieur juste avant le 1er siècle de notre ère. Au fil des siècles, une intense interaction avec les sociétés non-africaines a conduit à l'émergence d'une culture et d'un peuple uniques : les Swahili étaient nés. À son apogée, entre les 12ème et 18ème siècles, la côte swahili était une collection de riches cités-États dont la prospérité était ancrée sur le commerce de l'Océan Indien. Le commerce impliquait principalement l'Arabie, le Golfe Persique, l'Inde et même la Chine. L'Afrique de l'Est a été en mesure de participer à ces échanges grâce aux bienfaits des vents de la mousson, ce qui a facilité la navigation dans le Golfe Persique et le Sous-Continent indien. Les principales cités-états étaient Mogadiscio dans l'actuelle Somalie, Lamu, Mombasa et Malindi au Kenya, Kilwa, Zanzibar en Tanzanie, et de Sofala au Mozambique. Aujourd'hui, la côte swahilie est presque exclusivement associée au Kenya et à la Tanzanie.

Arrivée à l'île de Zanzibar par la mer

Les Arabes et les Perses furent les premiers à accoster les rives dans leurs boutres typiques. Le Arabes ont apporté la verrerie, la ferronnerie, les poignards, les épées, les couteaux, les pots et les casseroles alors que les Perses ont fourni au marché les tapis et moquettes. Les marchands asiatiques se sont également aventurés dans la région, apportant une variété de produits. De l'Inde sont venus le poivre, le coton, de la quincaillerie, les épices, les perles et les céréales, et de la Chine, le jade, la soie, la porcelaine et le riz.

Les visiteurs repartaient avec des denrées alimentaires, l'ambre gris, les écailles de tortue, la corne de rhinocéros, la peau de léopard, du cuivre, l'or et surtout l'ivoire. Tous voulaient un morceau d'ivoire africain et commercer avec l'intérieur de l'Afrique, là où les éléphants vivaient. Au 2ème siècle de notre ère, le commerce était porté à la connaissance des Grecs et des Romains qui ont appelé ces rivages Azania.

De tous les commerçants, ce sont les Arabes qui ont introduit l'islam vers le 8ème siècle de notre ère qui, a eu l'impact le plus durable. Certains Arabes d'Oman et des Perses de Shirazi ont fui vers le sud de l'Afrique de l'Est pour échapper aux conflits religieux.

Vers le 9ème siècle de notre ère, de l'interaction entre les Africains, les Arabes et les Perses qui ont vécu et échangé sur la côte est-africaine, est née une langue qu'ils pouvaient tous comprendre, le Kiswahili. Dans le même temps, une culture cosmopolite, distincte et urbaine a émergé.

Une tortue aux Iles Comores

Un jeune marié Swahili va rencontrer son épouse pour la première fois

La langue est basée sur la langue bantoue Sabaki, dans la structure et la syntaxe, et utilise l'arabe, le persan et même des mots d'origine indienne. Les mots empruntés ont maintenu de fortes intonations bantoues. Le swahili est clairement une langue bantoue et est linguistiquement plus proche d'autres langues bantoues côtières, que de l'arabe ou du persan. Le kiswahili a été adopté comme langue principale pour le commerce à travers cette bande côtière et a été largement parlé par la population du littoral. Le mot swahili est une forme bantoue du mot arabe Sawahil qui signifie les gens de la côte.

Aujourd'hui, la langue swahili est la langue la plus parlée en Afrique sub-saharienne, avec près de 50 millions de locuteurs dispersés en Tanzanie, au Mozambique, au Kenya, en Ouganda, au Rwanda, au Burundi, au Congo, en Somalie et aux Comores. La langue a de nombreux dialectes locaux, mais le kiswahili standard est basé sur le Kiunguja, le dialecte de la ville de Zanzibar. Les colons britanniques et allemands peuvent être reconnus comme responsables de la propagation du swahili. C'est la langue locale qu'ils ont choisie pour faciliter l'administration d'une région de plus de 100 langues.

La fin du 15ème siècle a vu l'arrivée des Portugais avec celle de Vasco de Gama en 1498. Ses marins étaient atteints du scorbut et avaient urgemment besoin de nourriture et de soins. Le Swahili hospitalier autorisa les marins d'àccoster leurs navires et leur prodigua de la nourriture et des fruits. Ils ne savaient pas que les Portugais "qui étaient une puissance maritime importante", voulaient dominer le commerce de l'Océan Indien. Les Portugais attaquèrent et pillèrent les villes, à commencer par Klwa Kisimani, puis Mombasa, en les réduisant à néant.

La côte swahilie a sombré dans la tourmente, du 15ème au 19ème siècle. Mombasa en particulier a vu beaucoup de guerres. Pour cette raison, la ville a été surnommée Mvita, ce qui se traduit en swahili en Ile de la Guerre. Le Fort Jésus, la garnison permanente établie par les Portugais en 1593, changea de maître 9 fois avant 1875. Par la terreur de la guerre, les Portugais ont cherché à contrôler la côte est-africaine. Mais comme suzerains coloniaux, les Portugais étaient déficients; ils étaient surtout intéressés par le pillage et le commerce, et n'avaient pas établi de solides systèmes d'administration.

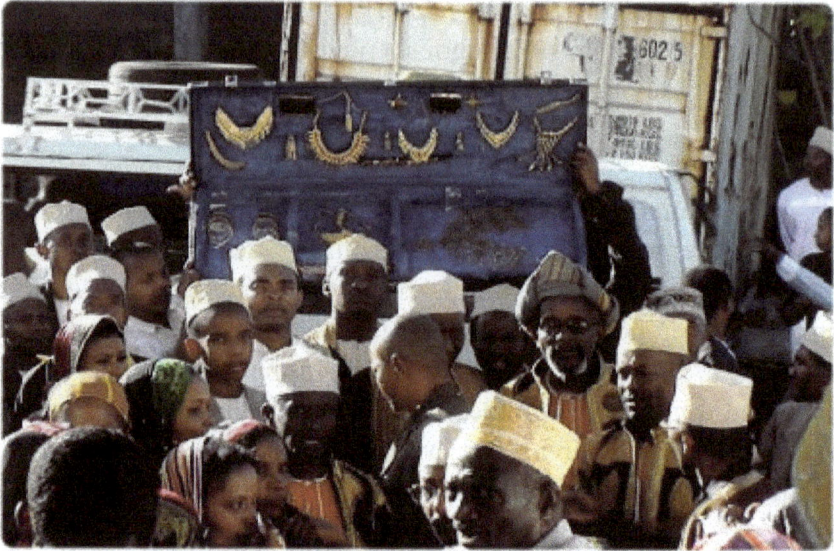

Les bijoux en or qui seront offerts à la mariée le jour du mariage

Le saccage de Mombasa, la ville la plus importante des états swahili, signifiait la perte de l'indépendance swahili à travers toute la côte. Les Portugais ont finalement été chassés par la puissance émergente des Arabes d'Oman en 1729, lorsque le sultan d'Oman revendiqua le contrôle de l'ensemble du littoral. Le nom de Mombasa vient du mot Ombasa, un fruit sauvage. Je n'ai pas connaissance de tout contenu à base de plantes dans ce fruit, mais il est vert presque cylindrique avec un diamètre d'environ 2,54 cm et une épaisseur d'environ 3 mm, et est enfermé hermétiquement dans une enveloppe marron foncé.

Les Omanais se sont tellement bien installés et enrichis en Afrique de l'Est que le Sultan a déplacé son siège à Zanzibar en 1832. Leur prospérité était ancrée sur la traite négrière et l'on estime qu'en 1860, le tristement célèbre marché aux esclaves de Zanzibar avait une rotation de plus de 50.000 Africains chaque année.

La vie le long de la côte prend un rythme plus lent, et les gens sont généralement décontractés.

Les hommes swahili portent traditionnellement le kikoi enroulé autour de la taille et les robes blanches kanzu et Kofia (petits chapeaux religieux) à la mosquée. Les femmes sont couvertes de tissu de coton lumineux et coloré connu sous le nom kanga ou leso, enroulé autour pour couvrir tout le corps, y compris les cheveux. Parfois, elles portent le BuiBui, un long habit noir voilé porté par les femmes musulmanes.

La cuisine Swahili fait un usage important d'épices, tout comme les Arabes et les Asiatiques. Ils utilisent aussi l'huile de coco et de palme dans leur cuisine. Il existe un code Swahili distinct de l'architecture et du bâtiment; les maisons sont construites en pierres de corail scellées par la chaux, et de corail-chiffon dispersé dans les constructions faites de boue et de paille. Les maisons sont grandes, avec des grandes portes richement ornées de courbes et motifs voyants. Les palais du Sultan comportaient des étages et étaient beaucoup plus grandes que des maisons ordinaires. Les mosquées ont été construites de la même façon et leurs tombeaux étaient inimitables. Leur style divergeait des particularités des styles arabes et bantous; c'était juste le style Swahili.

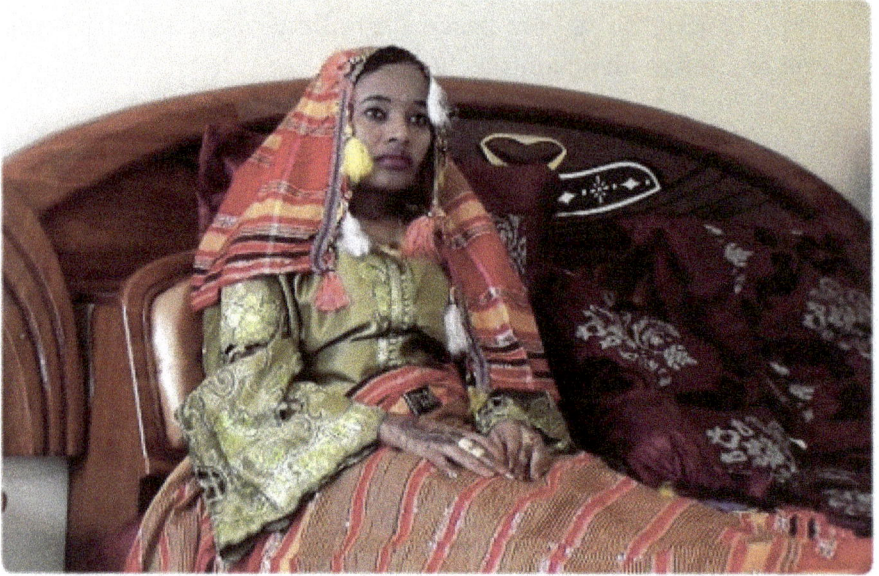

Femme Swahili attendant son mari après le dîner

Les maisons et les rues de Zanzibar

Mombasa est le joyau de la couronne de la côte du Kenya. Assis assez sur les rives de l'Océan Indien, l'île de Mombasa est célèbre pour son attraction marine riche, des plages exotiques, des logements spacieux, une vie nocturne animée et une population accueillante. La vieille ville est un endroit merveilleux pour découvrir la culture swahili. Vous y rencontrerez les habitants assis le long des rues sinueuses, parfumées aux épices qu'exhalent les aliments épicés et le café, comme d'autres le jour 'loin d'un jeu de plein air.

Fort Jésus est un endroit où vous pouvez revisiter une époque révolue de l'histoire de Mombasa. En plus d'être une attraction en lui-même, le fort abrite un musée exposant des faits divers d'art reflétant les cultures qui ont influencé la côte est-africaine.

Vous verrez aussi des articles récupérés de l'infortuné navire de guerre portugais Santo Antonio De Tanna, qui a coulé lors du siège de 1697 qui a duré 1000 jours.

Biashara La rue est un bazar excellent pour acheter des tissus et des vêtements de fabrication locale. Il existe de nombreux marchés animés, des boutiques de curiosité en courbes. Le Village Mamba (Crocodile Park), Haller Park (Anciennement Trail Bamburi Nature), et les défenses monumentales, marque de passage terrestre à l'entrée de la ville sont d'autres endroits à ne pas manquer. Mombasa s'est au fil des années développée pour devenir une ville de statut international, et en Mars 2007, a accueilli avec succès le championnat du monde de cross-country de l'IAAF.

Un mariage Swahili aux Comores

Sur la Côte Nord de Mombasa, vous trouverez quelques unes des plus belles plages de sable fin du Kenya et des stations balnéaires. Nyali, Vipingo, Kikambala et Shanzu sont quelques préférées des touristes. Les personnes qui cherchent à fuir les bousculades quotidiennes ont une préférence pour Mtwapa et Takaungu avec leurs fronts de plage déserte étendus . La Côte Nord offre une excellente plongée avec possibilité de nager avec les tortues et les dauphins, d'observer les coraux et profiter de la plongée sur épave.

Plus au Nord se trouve Malindi, la seule ville de la côte est-africaine qui s'est liée d'amitié avec les Portugais, sans la pression des armes. Le pilier que Vasco De Gama érigea pour servir d'aide à la navigation est toujours debout. Aujourd'hui, la ville est particulièrement appréciée des visiteurs italiens. La plus grande partie de l'hôtel et sa partie en construction sont au sud de la ville le long du front de mer de Silversands et la ville la plus proche est autour de la baie de Malindi. Au Parc Marin National de

Malindi, vous pouvez voir quelques jardins de corail fascinants en plongée, en plongée libre ou d'un bateau à fond de verre.

La ville est un centre respecté pour la pêche au gros et, plusieurs records du monde ont été établis ici. L'écrivain américain Hemingway était ici dans les années 1930 pour profiter de l'un de ses sports macho favoris.

Watamu, à 15 km plus au sud, est une petite plage en développement autour des magnifiques baies de Turtle Bay et Blue Lagoon. Watamu a aussi son propre parc marin. A la lisière du parc, se trouve une suite de grottes abritant une école de morue géante de roche, certaines atteignant près de 2 mètres de taille.

Le Nord culmine à l'île de Lamu, une vieille ville romantique en pierres. Parmi les villes swahili, Lamu est peut-être la seule qui ait conservé son caractère original. Son attrait repose sur son passé fascinant, ses rues étroites et sinueuses, ses plantations de cocotiers et ses villages pittoresques. Mon ami Torbjon Sundblom de Finlande et moi même n'oublierons jamais les bons moments que nous y avons passés, ainsi que l'hospitalité des lieux. C'est là où mon ami a été surnommé "Kishtobe", qui signifie "le dur".

Foyer de cuisson Swahili au charbon à Dar es Salaam

Ces dernières années Lamu a trouvé grâce devant les célébrités internationales. La ville a une ambiance de romance médiévale qui attire ceux qui sont outrés par le stress de la vie moderne. La vie dans l'île se passe à l'identique du 14ème siècle, du temps de la colonisation.

Les rues étroites de Lamu ne sont pas adaptées à la voiture; la ville ne dispose que d'une seule voiture réservée à l'usage du haut fonctionnaire du gouvernement. Tout le monde marche à pieds, prend un boutre ou à dos d'âne faisant office de taxi. Si vous arrivez par avion, vous atterrirez à proximité de l'île de Manda, d'où vous pouvez prendre un boutre ou le ferry. Dans ce centre de la culture islamique, les hommes sont habillés de plain-pied en blanc et les femmes en noir.

Shela est la plage principale de l'île, à seulement 15 minutes en bateau à moteur. Vous trouverez des logements de classe à Lamu, et il y a aussi des retraites très couteuses dans les îles voisines de l'archipel privilégiées par la jet-set.

Dans le centre de la ville, vous trouverez un fort construit par les envahisseurs Arabes d'Oman au début du 19e siècle et qui sert aujourd'hui de centre culturel.

Le musée de Lamu est situé en bord de mer, dans une maison autrefois occupée par Jack Haggard, consul de la reine Victoria dans cet avant-poste alors important. Le musée est un lieu de culture swahili et expose des objets anciens, des boutres, des bijoux et de l'artisanat. La côte sud du Kenya possède d'excellentes plages, des logements élégants, des forêts tropicales grouillant d'oiseaux et une faune sauvage, des parcs marins et des jardins de corail, et les grottes historiques des esclaves à Shimoni . Les plages sont : Shelley, Tiwi, Diani, Msambweni et Shimoni. Les eaux sont le lieu d'activités sportives et de la pêche au gros. Vous pouvez prendre part à un safari au parc national de Shimba Hills, qui se situe dans la zone de la plage.

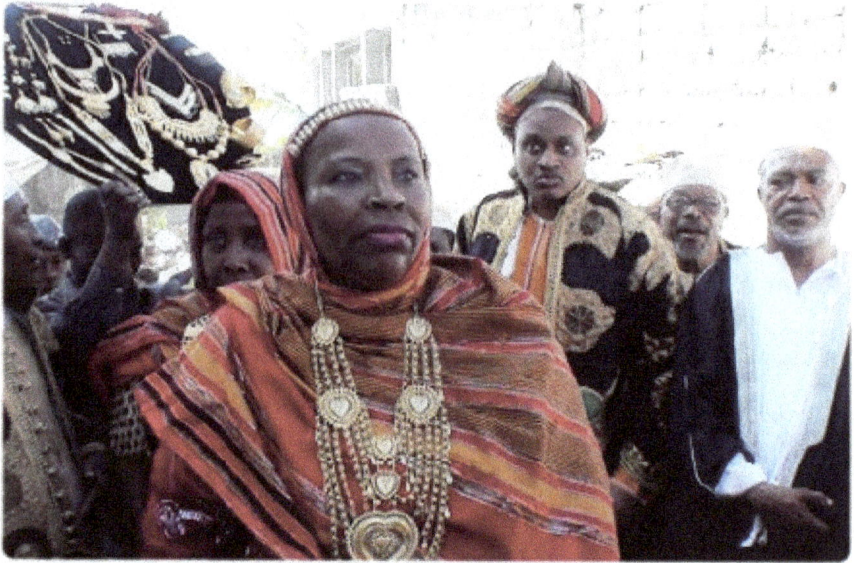

Dot et ornements en or allant à la femme le jour de mariage

La principale attraction de la côte swahili en Tanzanie est Zanzibar. A l'époque de ses jours de gloire, l'île a été fortement favorisée par les sultans Omanais. Les Portugais l'ont dépouillée de sa grandeur et, dans sa chute elle passa sous la domination allemande pour être ensuite transférée à la Grande Bretagne après la Première Guerre mondiale. Aujourd'hui, la vieille ville en pierre de Zanzibar se plait à raconter ses histoires des jours meilleurs.

Zanzibar est célèbre pour ses rues étroites et sinueuses et les palais des Sultans, le fort portugais et les jardins, la vieille architecture swahili et les bains turcs de Hamamuni. Zanzibar est appelée les îles aux épices pour une bonne raison.

Les senteurs parfumées de clous de girofle, la cardamome, la muscade et la vanille flottaient dans l'air tropical chaud. La cathédrale du Christ, sur le site du marché aux esclaves en plein air, est d'un intérêt historique et, pour le dévot est l'endroit approprié pour prier pour les âmes de ceux qui ont souffert et péri avec la traite négrière.

Coucher de soleil à Zanzibar

La plongée sous-marine, le surf, la natation et les bains de soleil sont quelques uns des plaisirs de Zanzibar. Les plus belles plages et les vagues sont au Nord, la ville de pierre est à l'ouest, la zone Menai Bay pour la conservation des espèces de tortues en voie de disparition est au sud, et la forêt Jozani avec des primates rares et de petits mammifères est au sud-est. L'Est se compose de rivages brisés, avec une marée faible et beaucoup de récifs.

Les îles situées à proximité : Chole, Prison, Grave et les îles de serpent. Pemba, l'île Verte, est l'une des îles de Zanzibar vers le Nord. C'est là que j'ai terminé mes études secondaires en 1967. C'est aussi une île aux épices et un endroit idéal pour profiter de rives intactes et d'aventures sous-marines. Les Îles Mafia au sud de Zanzibar sont isolées et d'intimité propice à la détente. Elles sont réputées pour leurs plantations de noix de coco et de noix de cajou, les villages swahili et les ruines coralliennes de Chole Mjini.

Grillage du mais dans les rues de Pemba

Les autres endroits à voir absolument sur la côte swahili en Tanzanie incluent Kilwa, pour son histoire mouvementée, Mikindani pour la pêche au gros et la plongée, et Saadani Game Reserve, un sanctuaire étonnant de la faune sur les rivages de l'océan.

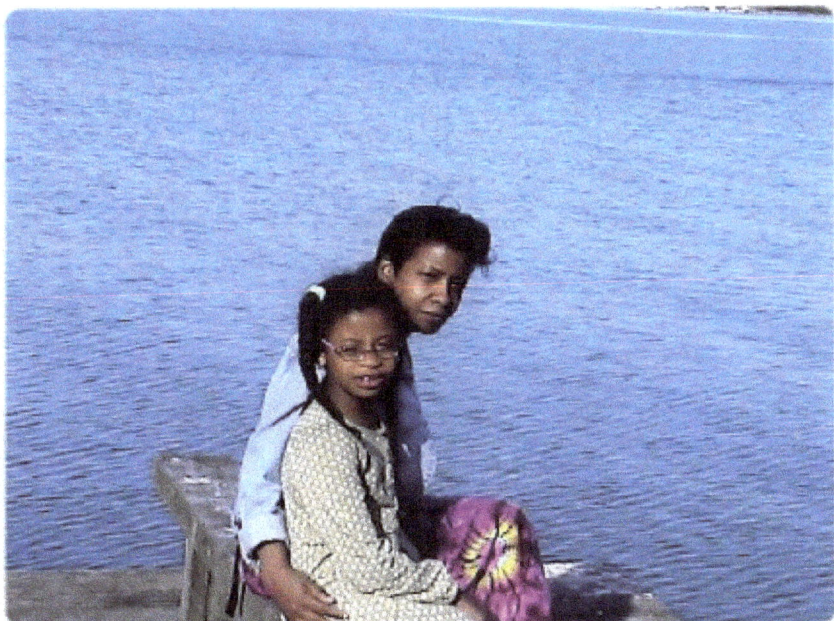

Femme au foyer Swahili avec sa fille prenant l'air frais non pollué de l'Océan Indien

La côte swahilie est généralement un endroit chaud et humide, tempéré seulement par les brises marines. La période la plus humide se situe en avril et mai, avec une saison plus courte et légèrement moins humide en novembre. Les températures moyennes minimales et maximales sont comprises entre 30 et 33 degrés. De décembre à mars le temps est chaud et sec alors que la période de juin à octobre est la plus fraiche et la plus sèche.

Les vêtements légers sont recommandés, car même les soirées sont généralement chaudes. Les chemises à manches courtes, les shorts et les pantalons pour les hommes et les chemisiers à manches courtes, pantalons et jupes sont suffisantes pour les femmes. Cependant, dans cette région principalement musulmane, les femmes doivent s'habiller modestement pour ne pas heurter les sensibilités locales. Mais les maillots de bain sont tout à fait acceptables sur les plages et au sein des hôtels.

Enfant nageant sur une plage de Zanzibar

La Tanzanie, le Kenya, l'Ouganda et les îles Comores constituent la zone de plus forte concentration swahili en Afrique de l'Est. Il s'agit d'une région qui a connu de nombreuses alliances politiques, la colonisation, l'esclavage, et les explorateurs. Il est facile de comprendre pourquoi cette partie du monde, avec un ensoleillement toute l'année, peut être appelée un endroit romantique. Le peuple Swahili partage les traditions, les coutumes, et les cuisines qui remontent à 500 avant JC. Cependant, les pays nommés ci-dessus sont quatre pays totalement indépendants, et chacun d'eux a conservé des caractéristiques uniques et incomparables.

Les habitants de la partie continentale sont différents des habitants de l'île de Zanzibar, de Pemba, et des Comores, mais ils partagent le même amour de la nature, de la romance et de l'hospitalité.

Les grandes distances qui séparent les communautés au sein du continent peu peuplé, avec l'immensité de l'Océan Indien, ont aussi donné aux gens le goût pour le silence et la solitude. Les forêts s'étendent du nord au mont Kilimandjaro, où elles se raréfient et finalement cèdent la place aux terres non polluées de Selou, où vivent dans la tranquillité des millions d'animaux sauvages. Les gens peuvent sembler très réservés à la première rencontre, mais quand vous les saluez avec un amical "Jambo ", il est facile de comprendre comment ils ont gagné leur réputation intrépide et facile à vivre. La nécessité de faire face aux éléments naturels a fait que les personnes swahili excellent dans les sports du genre course de fond.

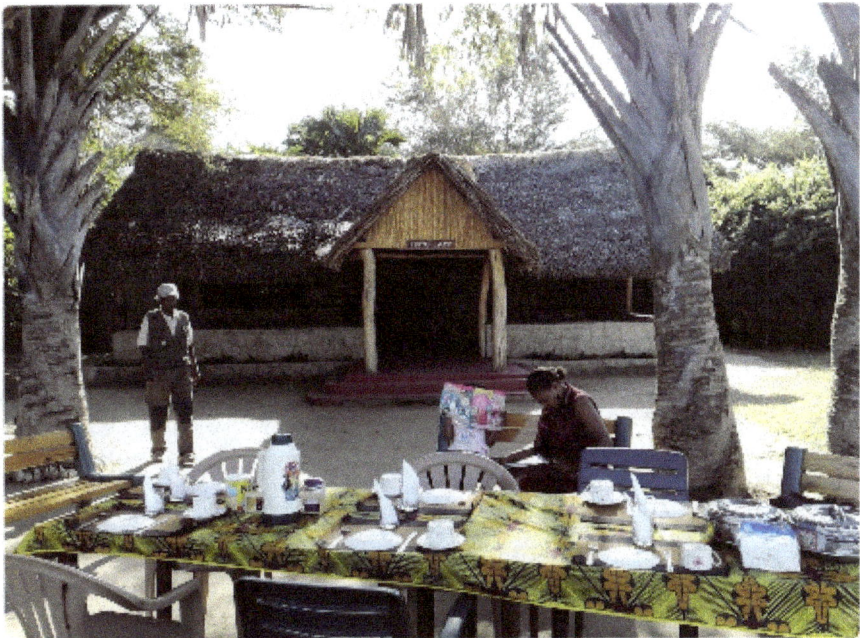

Restaurant Hippo camp à Selou

A cause du soleil, la vie est africaine est optimiste et romantique. Les jours longs et les températures élevées déterminent leur chemin de l'amour romantique et la culture culinaire.

25

Les Swahilis ne sont pas seulement adorables et romantiques, mais sont aussi des gens accueillants qui laissent leurs portes ouvertes pour des invités inattendus. Les femmes swahili sont réputées pour la conception saisissante de leur "Kangas", ainsi que de leurs couleurs .

Elles passent beaucoup de leur temps dans leurs maisons, et sont expertes dans le choix du mobilier confortable de leur logement, et l'usage de parfum et du Udi en prévision du retour de leur mari. Leurs aptitudes à imaginer différentes manières de mettre la table pour divertir sont réputées, et il s'ensuit que les femmes qui prennent tant de soins de présentation devrait également se soucier de la nourriture. Ceci est illustré par l'attention prodiguée aux mets délicats qui composent le futari, une des préparations les mieux connues des buffets swahilis pendant le mois de Ramadan.

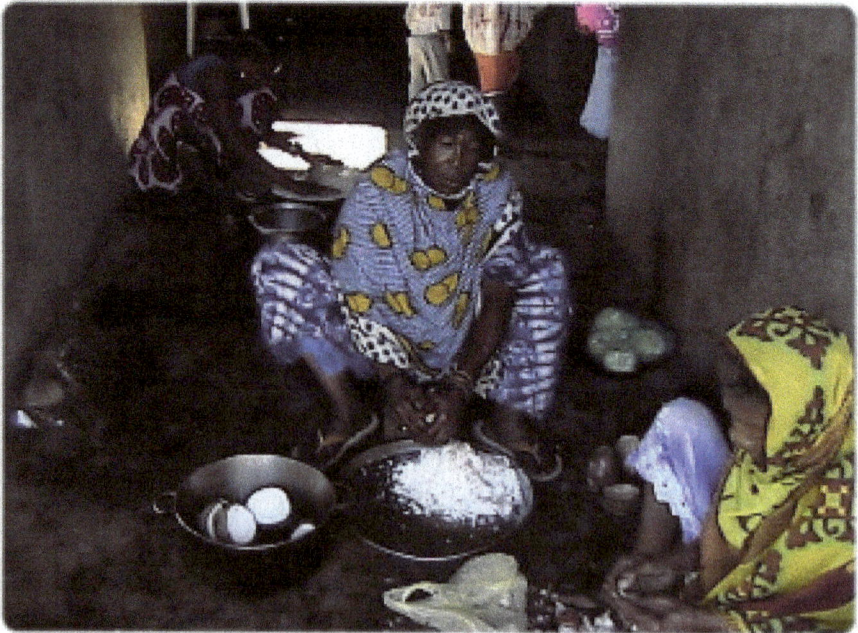

Femmes Swahili faisant la cuisine en robe Kanga

La cuisine swahili peut être décrite comme complexe, variée, et en harmonie avec la nature. La clé de la gastronomie swahili, c'est l'amour, la romance et l'émotion. Les femmes swahili s'attendent à être aimées, mais elles doivent de leur côté se montrer dignes de l'amour par leur capacité à préparer des repas savoureux. En conséquence, les femmes swahili utilisent toutes les méthodes possibles et la recette pour se montrer dignes de l'amour de leurs maris. Les hommes swahili, d'autre part, apprécient ces efforts culinaires. Ils montrent leur appréciation en récompensant leurs épouses non seulement avec des ornements d'or, mais aussi avec l'affection, l'amour et le respect.

De nombreuses recettes swahili utilisent de la viande ou du poisson frais. Jadis, le chasseurs swahili se servaient du sel pour conserver la viande provenant des chasses dans les forêts pour leurs épouses et, jusqu'à présent les pêcheurs installés dans des endroits comme Funguni dans l'ibar ou Mikindani à Mtwara utilisent toujours du sel pour sécher leurs prises s'ils ne sont pas vendus vers la fin du jour.

Dans des pays comme les Comores, le sel était trop cher et les pêcheurs utilisaient de l'eau salée pour la cuisine (appelée fumbu, nom venant d'un village appelé Fumbuni.) Les Comoriens conservent aussi leur aliment de base tsambu ou «noix» de Sagu. Les noix sont embryonnaires dans une grossière tentative de réfrigération pour une trentaine de jours. Elles sont une spécialité gastronomique une fois fermentées. Le tsmabu comorien est l'un des plats qui survivent encore aujourd'hui, en particulier dans le Hamahamet, à Mbeni, d'où sont originaires mes ancêtres.

Une noix fraîche de sagou aux Comores

Les Swahili tiennent à précéder ou accompagner leur nourriture avec des jus de fruits frais réfrigérés ou du thé dans la soirée. Les salades fraichement cueillies, les épinards et même les baies proviennent d'endroits comme Morogoro ou Arusha, en Tanzanie. Il y a beaucoup de fruits frais en Afrique de l'Est, ainsi que l'abondance de poisson frais.

L'Afrique de l'Est produit les meilleurs champignons biologiques dans le monde. La volaille et les ragoûts épicés bien mijotés, maandazi, mikate ya kusukuma et le pain chila font l'élégance des buffets Swahili au mois du Ramadan.

Noix de sagou sèches avec les coques aux Comores

Pour plonger dans la cuisine romantique swahili, il faut voyager à travers sa campagne verdoyante, et peut-être d'entr'apercevoir ses habitants accueillants et romantiques. Les plats varient d'une région ou d'une île à l'autre, mais chacun a une signification particulière ainsi qu'une histoire d'amour à raconter.

Arrive le soleil de l'Ouest,
Répands ta lumière sur toute l'Afrique orientale,
Mais quand tu arrives, arrives, arrives
Lentement comme un amant
Romantique, tu éclaires notre terre,
Les plages brillant comme l'or blanc.

Illumines l'Océan Indien, ne t'arrêtes pas là,
Dans la soirée, tu transformes
Les eaux de la mer en bleu et or,

Pas de précipitation, mais éclaires
Jusqu'à ce que le coeur se repose
Et puis s'assoupit
Jusqu'au réveil du matin
Nos amoureux préparent le café et la fumée
d'arômes d'épices forme un nuage.
Et le soleil se l'enroulera
Comme une couverture.
Et plus jamais les visiteurs ne disparaitront
Ou les de Swahili de vos yeux

Le soleil nous apporte l'harmonie et l'amour
Comme à l'époque où nous rampions dans nos lits pour forcer le
soleil à se dérouter!
Nous ne voulons pas du froid.
Chaud chaud le soleil
D'amour et de romance
Il nous apporte la paix
La générosité et la satisfaction

Entrées

Les huîtres cuites à Itsandra

En 1978, Torbjön Sundblom, mon ami de Mariehamn, et moi avons quitté les îles Åland pour un voyage aux Comores. En fait, le but du voyage était de visiter mon père et de visiter la tombe de ma chère grand-mère qui était décédée en mon absence. Ce voyage fut d'une profonde signification pour moi, malgré la tristesse que j'avais à ne pas avoir pu dire au revoir à ma grand-mère.

Nous avions réservé une chambre à l'Hôtel Itsandra située à trois kilomètres de Moroni, et à 40 kilomètres de Mbéni dans le Hamahamet, le village de mon père. L'hôtel était bien, et la plage était couverte de sable doré. À l'insu des habitants, il y avait des rochers près de la plage avec des huîtres. Nous avions apporté nos couteaux finlandais et fait une expédition un matin, pour s'assurer que les huîtres étaient propres à la consommation.

Auparavant j'ai essayé cette recette, nous avons goûté les huîtres sur la plage, avec le «citron vert» des Comores. Elles étaient délicieuses, et je n'ai pas hésité à en cueillir plus et remplir le seau. Nous sommes allés à l'hôtel et avons donné les huîtres, avec la recette ci-dessous, au chef. Je souhaite seulement que Bocuse ait pu déjeuner avec nous ce jour-là.

Temps de préparation 20 minutes

Ingrédients
500 gr. d'épinards, équeutés 1 gousse d'ail coupée en deux
6 cuillerées à soupe de beurre
1 cuillerée à soupe d'oignon haché très finement,
1 cuillerée à soupe de farine
1/4 de tasse de lait caillé acide
saler et poivrer pour goûter
24 grandes huîtres dans leurs coquilles
1 cuillerée à soupe de persil, très finement haché
2 piments forts comoriens
1/2 tasse de chapelure de pain

Méthode
* Bien laver les épinards sous l'eau froide, puis les plonger dans 2 tasses d'eau en pleine ébullition. Réduire le feu, couvrir et laisser mijoter jusqu'à ce que les épinards soient tendres (environ 15 minutes). Égoutter et jeter l'eau. Avec un couteau tranchant, couper les épinards jusqu'à ce qu'elles soient réduites en purée.

* Dans une poêle qui a été préalablement frottée avec une gousse d'ail, faire fondre 2 cuillerées à soupe de beurre et y faire revenir l'oignon jusqu'à ce qu'il soit doré. Incorporer et bien mélanger la farine, puis ajouter lentement le lait caillé en remuant constamment. Continuer de remuer jusqu'à ce que la sauce soit lisse et bien chaude à l'intérieur.

* Ajouter les épinards et cuire 3 à 4 minutes de plus. Assaisonner le plat avec le sel et le poivre au goût.

* Ouvrez les huîtres et les détacher de leurs coquilles. Répartir la préparation aux épinards sur les coquilles. Ensuite, placez les huîtres sur les épinards et ajouter les ingrédients suivants, dans l'ordre : une noisette de beurre, une goutte de jus d'oignon, une

pincée de persil, un peu de piments hachés. Garnir chaque coquille avec une pincée de chapelure et placer une généreuse noix de beurre sur chaque coquille. Cuire dans un four très chaud pendant 10 minutes, puis transférer dans un gril chaud pour dorer. Servir immédiatement.

Fruits de mer péchés aux Comores

Kebab

Temps de préparation 20 minutes

Ingrédients
1 oignon, finement haché
2 cuillerées à soupe de gingembre et de pâte d'ail
3 clous de girofle
2 Cardamome,
1 bâton de cannelle,
Saler au goût
1 cuillerée à café de poudre de piment jaune
1 cuillerée à café de poudre de piment rouge
500 g. de mouton hachée
1 cuillerée à café de pâte de papaye crue
1 cuillerée à café de feuilles de coriandre hachées
1 cuillerée à café de feuilles de menthe fraiche hachées
2 morceaux de piments verts fendus
0,5 g. de safran
1 morceau de gingembre de 2,5 cm, en julienne
1 dl. de jus de citron vert
3 oeufs

Méthode
* Faire mariner la viande de mouton hachée avec un peu de papaye, de pâte de gingembre et d'ail, de poudre de piment rouge et jaune, de sel, d'oignons, pour une heure environ.

* Mélanger le reste des ingrédients.

* Former des boules de ce mélange, les rouler et les mettre de côté.

* Faire chauffer l'huile et commencer à frire les kebabs.

* Servir les kebabs à chaud ou froid avec du kachumbar

Buffet swahili avec du Kebab au mois du Ramadan

Bouillie de haricots

Préparation en 20 minutes

Le peuple swahili ne prend pas seulement du porridge au petit déjeuner, mais également dans la soirée. J'avais l'habitude d'avoir cette bouillie dans la soirée, surtout pendant le mois de Ramadan. Il s'agit d'une entrée lors du mois de Ramadan.

Ingrédients
20 g. de haricots
500 ml. d'eau
100 ml. d'eau
100 ml. de crème épaisse de coco
Sucrer au goût
Jus de tamarin

Méthode
Faire tremper les haricots durant la une nuit

Mettez les haricots et l'eau dans une casserole et faire bouillir le tout 30 minutes.

Gardez couvert pendant environ 30 minutes.

Placer les haricots et l'eau dans le robot pendant 10 secondes environ.

Placer le mélange dans une cocotte, avec la crème de noix de coco, et faire bouillir pendant 10 minutes.

Sucrer au goût et servir chaud.

**Ustensiles de cuisine Swahili exposés dans une boutique à Dar es Salaam.
Au premier plan «Mbuzi», un ustensile de cuisine spécial pour grâter les noix de coco.**

Bajiya (Bajiya za kunde)

Temps Préparation en 20 minutes

Ingrédients
1 tasse de haricots bouillis
1/4 de cuillerée à café de cardamome en poudre
1/2 cuillerée à café de sel
1/2 cuillerée à café de poudre de piment
1/8 cuillerée à café de cumin en poudre
1/8 cuillerée à café de poudre de curcuma
1/2 tasse de farine blanche
3 cuillerées à café de ghee

Méthode
Ecraser les haricots bouillis après égouttage. Ajouter tous les ingrédients, la farine blanche et le ghee.

* Faire de petites boules et les faire bien frire jusqu'à obtention d'un brun clair.

* Mettez-les sur du papier absorbant. Servir chaud ou froid avec des flocons de noix de coco et du kachumbar

Friture des Bajiya à Dar Es Salam

Bajiya prêts à servir au restaurant James dans l'avenue Samora à Dar Es Salaam

Salade de tomates cerise

Préparation en 15 minutes

Je me souviens que, lorsque j'étais enfant, ma tante me donnait quelques pièces de monnaie pour acheter des *fungu la tungule*. Les tomates étaient de petite taille. Quand j'ai commencé mon travail en tant que chef, ces tomates sont devenues populaires; elles sont très chères et sont appelées tomates cerises. Ces tomates sont faciles à cultiver bio et très savoureuses. A cette époque, je ne conaissais pas l'importance de ces produits, cependant je mangeais la moitié d'un achat sur le chemin du retour, car elles étaient délicieuses. La recette qui suit est une salade que j'ai créée alors que j'étudiais à l'école secondaire Fidel Castro à Pemba. J'ai utilisé les dites tomates cerises, ainsi que des concombres biologiques qui sont très courts et épais. Ces concombres sont encore vendus sur les routes de Zanzibar ou Mombasa. Ils sont épicés avec du sel et du paprika chaud broyé. Les gens les mangent sur leur chemin du travail ou comme collation de fin de soirée, mais en Europe ils sont conservés dans du vinaigre, et ils ne sont vendus là-bas qu'en été.

Ingrédients
1 concombre biologique
2 feuilles de laitue
2 dl. de petites crevettes séchées de Zanzibar
5 tomates cerises
3 cuillerées à soupe d'huile d'olive
1 cuillerée à soupe de vinaigrette rouge
Une pincée de sel
Une pincée de de poivre noir de Zanzibar broyée
Une pincée de sucre

Méthode

* Couper le concombre et la laitue en julienne. Mélanger les crevettes de petite taille. couper chaque tomate cerise en six tranches.

* Dans un bol, mélanger l'huile, la vinaigrette rouge et les épices. Goûter et rectifier en conséquence.

* Mélanger la salade avec la vinaigrette et servir.

Mbeni (Touche romantique)

Temps de préparation 15 minutes

Ingrédients

300 g de tentacules de poulpe bouillie
Une gousse de gingembre
1 dl. de jus de mangue
1 dl. de sauce vinaigrette française
1 cuillerée à café de basilic frais haché
4 morceaux de salade verte coupés

Méthode

Couper en tranches les tentacules de poulpe.

Découpez le gingembre et laisser le tremper dans l'eau froide
pendant 5 minutes; égoutter.

Utilisez le jus de mangue et la moitié de la sauce vinaigrette
française pour mariner la poulpe.

Disposer la salade en tranches dans un bol et ajouter sur le dessus
les tranches de poulpe marinées, parsemer de basilic frais et le
reste de vinaigrette française. Garnir avec du gingembre râpé

Servir froid

La touche romantique Swahili commence quand un homme épouse une femme par amour

Salade de papaye

Temps de préparation 15 min

Aujourd'hui en Europe, nous pouvons obtenir tous les fruits africains. Quand je suis arrivé à Åland au début des années 70, je ne pouvais même pas acheter des oranges, et il n'était possible d'obtenir des fruits tropicaux que pendant l'été. Plusieurs fruits comme les mangues, la papaye et d'autres étaient quasiment impossibles à obtenir. Voici une merveilleuse recette pour la salade de papaye.

Ingrédients
1 demi ou 1 papaye entière, verte et à peine mûre
1 bouquet de feuilles de coriandre vertes
1 piment
2 cuillerées à soupe de miel
2 dl. d'arachides fraiches cuites
1 jus de citron vert
Une pincée de sel

Méthode
* Peler la papaye et coupez en morceaux julienne

* Hacher le coriandre vert et mélanger avec la papaye dans le bol

* Mélangez-le avec le jus de citron vert.

* Couper le piment en julienne et placez-le dans le saladier

* Mélanger les arachides cuites, le sel et le miel.

* Laisser la salade au réfrigérateur pendant une heure et servir frais.

Papaye

Soupe de banane (Mtori)

Temps de préparation 1 heure

La culture du peuple swahili est unique. La population est répartie partout à travers le pays, et sa culture est étroitement liée au travail de la terre, à la nature et à la pêche. La tribu la plus étonnante, est celle du peuple Chagga qui vit dans Moshi près du mont Kilimandjaro. Avant que l'agriculteur Chagga parte travailler le matin, il doit prendre sa soupe de banane au petit déjeuner. Bien que la tribu Chagga reflète l'influence de ses voisins, à l'est comme à l'ouest, elle a une relation unique de proximité avec la terre qu'elle habite. La tribu Chagga considère la vie animale et végétale des terres qu'elle habite comme des cadeaux exquis. Leur approche calme à la vie est le résultat de leur amour de la nature qui les entoure.

Mais à présent cette soupe n'est plus seulement pour les agriculteurs, mais une soupe classique servie dans toute l'Afrique de l'Est.

Ingrédients
3 oignons rouges moyens
5 pièces de bananes vertes fermes
300 g. de viande de bœuf fraîche avec les os
2 cuillerées à soupe de margarine
Sel
Poivre noir
2 litres d'eau
1 litre de bouillon de boeuf

Méthode

* Peler et couper finement les oignons.

* Peler et trancher les bananes.

* Faire revenir les oignons dans un peu de beurre ou de margarine, sans brunir.

* Verser l'eau, la viande, et les bananes dans un pot.

* Faire bouillir le mélange jusqu'à ce que la viande soit tendre, en mélangeant la soupe.

* Assaisonner la soupe au goût et laisser mijoter.

* Servir la soupe chaude avec un morceau de citron vert.

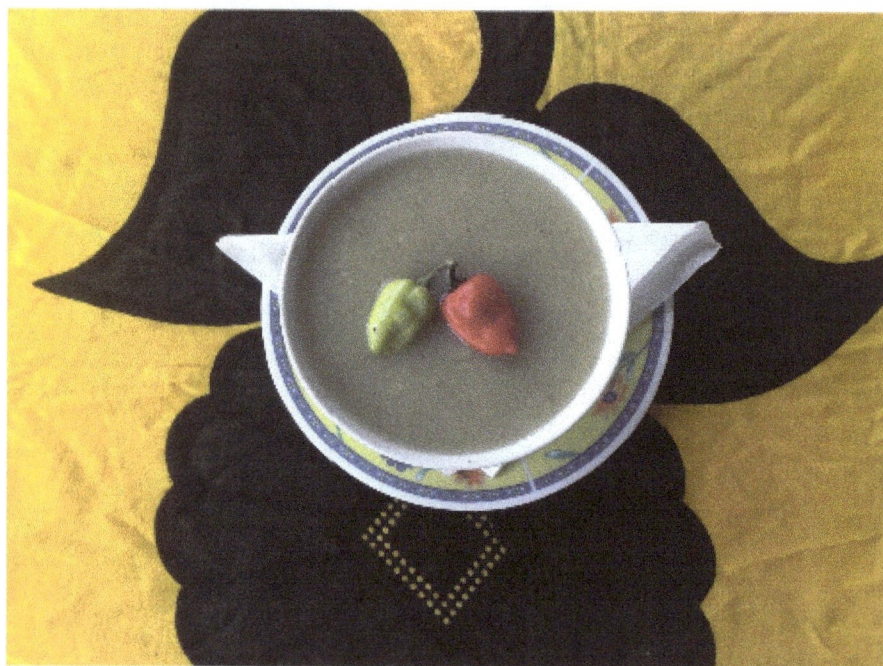

Soupe Mtori servie dans un bol

Makongoro Soup (Soupe de pieds de chèvre)

Temps de préparation 2 heures

La cuisine française est saine et savoureuse. Les pieds de porc sont peut-être la délicatesse française la plus connue ? Quand je suis allé dîner à "La Tour D'argent" un restaurant situé sur l'Ile de Paris," les pieds de porc cuits avec de l'aspic "étaient au « menu à la carte ».

Je n'ai pas été surpris parce que c'est leur tradition culinaire, et je n'ai pas été tenté d'y goûter. J'ai juste pensé que si j'avais l'occasion d'inviter le chef de ce restaurant de renommée mondiale à Dar es-Salaam, je lui ferai goûter cette soupe. Je suis sûr qu'à la fin de la journée il oublierait les pieds de porc délicieux de Paris.

L'histoire de cette soupe est longue, mais pour résumer : il était une fois un homme du nom de Makongoro qui était le fils de feu le président Julius Kambarage Nyerere, le premier président de la Tanzanie. C'est lui qui a d'abord préparé cette soupe dans un petit restaurant local dans un endroit appelé Kinondoni. Cette soupe n'est plus servie dans les restaurants locaux, mais elle continue d'être servie dans les hôtels très connus à Dar es Salaam La première fois que j'ai goûté à cette soupe, j'ai dû en commander une autre portion. Elle est délicieuse.

Ingrédients
2 pieds de chèvre fumés
3 litres d'eau
2 poireaux
2 carottes
1 branche de céleri
sel
Poivre noir moulu

2 tranches moyennes d'oignons rouges

Méthode

* Nettoyer les pieds après les avoir fumés et éliminer les cornes

* Placez-les dans une grande casserole d'eau froide et porter à ébullition.

* Préparer et couper les poireaux, les carottes et le céleri en gros morceaux, et ajoutez les aux pieds.

*Assaisonner avec le sel et le poivre. Couvrir et laisser mijoter pendant environ 2 heures et demi.

* Vérifiez de temps en temps, et ajouter de l'eau si nécessaire.

* Servir la soupe une fois que les pieds sont tendres.

Soupe Makongoro servie dans un bol

Plats Principaux

Poisson aux coco (*Samaki WA Kupaka*)

Temps de préparation 1 heure

En 1989, j'ai préparé cette recette lors d'une émission de télévision finlandaise appelée "*Cuisinez avec Benn*". La première réaction des téléspectateurs finlandais était très impressionnante. La Finlande possède un grand nombre de maisons et des boîtes spécialisées dans le fumage, offrant un large éventail de viande et de poisson fumés, le saumon fumé en particulier. Après la diffusion du programme, j'ai reçu de nombreux appels téléphoniques de félicitations de personnes intéressées par ce nouveau plat de poisson fumé.

Ingrédients
1 poisson Tilapia, pesant entre deux à trois kg.
2 cuillèrées à café de gingembre frais.
8 gousses d'ail.
1 piment.
3 tasses de crème de lait de coco.
Pâte de tamarin ou poudre, au goût.
1 cuillèrée à café de poudre de curry.
Sel.
1 piment vert ou rouge

Méthode
* Nettoyer le poisson et enlever les écailles et la queue. Faire une longue entaille sur chaque côté du poisson.

Broyer ensemble le gingembre frais, l'ail, le piment et le sel jusqu'à former une pâte. Frotter tout le poisson avec ce mélange, en surface, dans la cavité de l'estomac, et dans l'entaille de chaque côté. Laisser couvert pendant une à deux heures dans le réfrigérateur

* Dans une casserole, mélanger le lait de coco, le tamarin, la poudre de curry, le sel et le poivre de Cayenne. Laisser mijoter la sauce à feu doux.

* Placez le poisson sur une grille métallique chauffée par du charbon de bois ou du bois de combustion sec. Griller lentement le poisson. Quand le poisson est à moitié cuit, retirez-le et finir au four en l'arrosant de la sauce. Arrosez plus le poisson chaque fois que vous le retournez, jusqu'à ce qu'il soit prêt.

Des poissons frais comme ceux-ci sont bons pour le plat

Un plat de la plage de Buuni

Temps de préparation 20 minutes

Les bananes vertes sont un aliment de base quotidien aux Comores. Les habitants de cette nation insulaire les grillent, les font cuire dans du lait de coco, les font frire, et parfois tout simplement les font bouillir. Elles sont souvent consommées au petit déjeuner. Voici un plat que j'ai préparé lors de mes vacances aux Comores en 1978. Le lieu est appelé **Buuni**, où j'ai ma propre plage immaculée de sable doré, avec des fruits abondants et des bananiers, et où les pêcheurs locaux semblent toujours être présents. **Buuni** est à seulement 4 kilomètres de Mbeni **Hamahamet**, lieu de naissance de mes parents. Pendant ces vacances en 1978, j'ai attrapé une langouste et j'ai passé du bon temps à préparer ce plat avec mes amis.

Ingrédients

1/3 tasse de lait de coco fait maison
300 g. de queues de langoustes, décongelées et cuites.
300 g. de crevettes reines fraîches comoriennes
1 cuillèrée de poudre de curry (faite maison, si possible)
2 tasses de lait de coco épais
3 tasses d'oignons hachés
1 tasse de poivron, haché
3 grosses tomates, hachées grossièrement.
Une grande cuillèrée de coriandre vert frais haché
Sel
Le jus de 1/2 citron
1 cuillèrée à café (ou plus, au goût) de poivre vert fraîchement moulu.
1/2-tasse de vin blanc sec français
1/2 noix de beurre

Méthode

* Faire mariner les écrevisses dans le vin blanc et le jus du 1/2 citron.

* Dans une grande poêle de fer, faire chauffer l'huile à feu moyen. Faire revenir les poivrons pendant environ 3 minutes.

* Ajouter les oignons. Couvrir la poêle pour accélérer la cuisson. Lorsque le poivron et l'oignon sont cuits, baisser le feu. Essayez de ne pas les faire dorer.

* Retirer et placer le mélange dans un bol. Ajouter le beurre et la crème dans la poêle. Bien mélanger.

* Faire cuire à feu moyen pendant 10 minutes.

* Ajouter les tomates, le sel et le poivre au mélange d'oignon et de poivron et faire cuire à feu moyen pendant 5 minutes, en remuant fréquemment.

* Ajouter les écrevisses et les crevettes, la moitié de la marinade, le vin blanc, puis cuire pendant 4-6 minutes, en remuant fréquemment.

* Ajouter la crème de lait de coco et le reste de la marinade vers la fin de la période de cuisson. Goûter et assaisonner si besoin.

* Servir chaud dans des larges bols à soupe avec des bananes vertes cuites à part.

Les meilleures bananes utilisées dans cette recette

Les jeunes sardines de ma soeur

Temps de préparation 20 minutes

Les femmes swahili doivent savoir faire la cuisine. La cuisine est une partie essentielle de la culture swahili et ceux qui ne peuvent pas cuisiner ne sont pas en mesure de participer pleinement à cette culture. Parmi les plats que ma sœur se prépare, c'est l'un de mes favoris. Le plat est simple à cuisiner, mais est intensément savoureux. Voici la recette, mais le secret de la saveur reste inconnue. Comme le morceau célèbre de Santana "*Black Magic Woman*", les femmes swahili affichent un art surnaturel dans leur mélange d'épices, ainsi que dans leurs méthodes d'assaisonnement.

Ingrédients
100 g. de sardines,
Gingembre, sel, piment, poivre noir
1 dl. Jus de citron vert
2dl. huile végétale

Méthode
* Faire mariner les sardines fraîches avec le gingembre écrasé, le sel, le poivre noir et le jus de citron pendant 10 minutes.

-Chauffer l'huile dans une poêle et faites revenir à feu doux les jeunes sardines jusqu'à ce qu'elles soient croustillantes.
-Servir avec un salsa de mangue et du riz au coco.

Une femme comorienne à l'oeuvre dans sa cuisine

Calmars créoles au lait de coco

Temps de préparation 20 minutes

Ingrédients
200 g. de tentacules de calmar
Deux poivrons
Un oignon
1 cuillèrée à soupe d'huile végétale
Sel et poivre
4 tomates fraîches écrasées
1 tasse de crème de lait de coco
1 cuillèrée à café de persil hachée
1 dl. vin blanc Chablis

Méthode
-Enlever la peau du calmar et le couper en anneaux de 1 cm.

-Retirez la partie supérieure et les graines de poivrons, et coupez les dans le sens de la longueur en 8 morceaux. Couper l'oignon en fines lamelles.

-Chauffer l'huile végétale dans une poêle, faire revenir le poivret les tranches d'oignon pendant seulement 2 minutes.

Ajouter les calmars et le vin de Chablis et laisser cuire.

Saupoudrer de sel et de poivre.

Ajouter les tomates concassées et faire sauter. Enfin incorporer la crème de noix de coco, retirer du feu et garnir de persil haché.

* Servir avec du riz cuit au ghee.

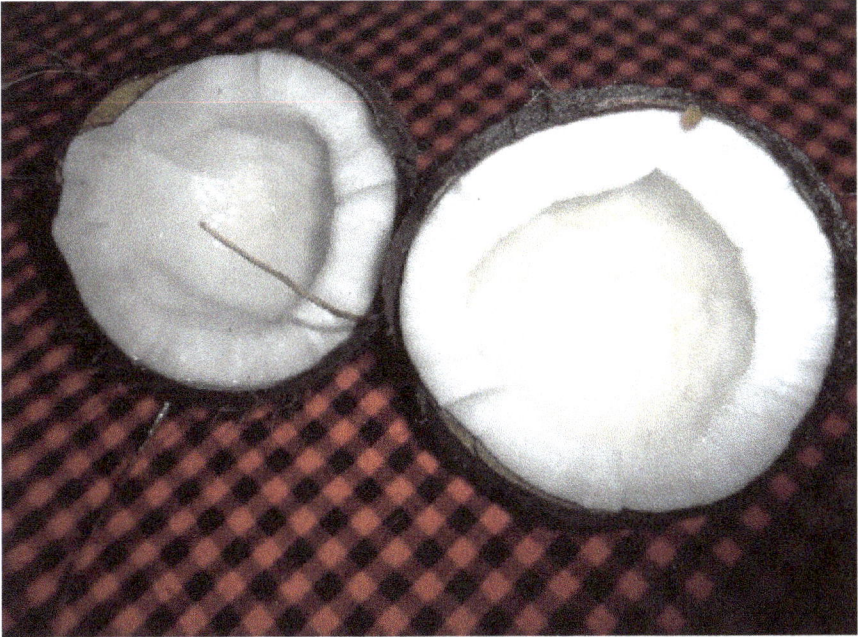

Une noix de coco

Sardines au curry de ma grand-mère

Temps de préparation 20 minutes

Ingrédients
4 sardines
Sel et poivre noir
2 cuillèrées à soupe de poudre de curry
1 gingembre écrasé
1 cuillèrée à soupe d'huile végétale
1 cuillerée à café de coriandre haché

Méthode
* Jeter les têtes et les abats des sardines.

* Ouvrir la sardine en insérant le pouce sur le côté du ventre et en continuant le long de la colonne vertébrale.

* Saupoudrer de sel et de poivre.

* Mélanger la poudre de curry et le gingembre écrasé.

* Assaisonner les sardines avec ce mélange.

* Chauffer de l'huile végétale dans une poêle à frire.

* Faire sauter les sardines, côté peau vers le haut.

* Les retourner une fois qu'elles sont légèrement dorées.

* Placez les sardines dans le plat et saupoudrer de persil haché.

* Servir avec du manioc frit.

Ma grand-mère faisant la cuisine avec des compagnes

Noix de sagou séchées et fermentées prêtes pour la cuisson

Noix de sagou en ébullition (aux Comores)

Les noix séchées de Sagou au thon (Tapu za nazi)

Temps de préparation : 2 heures

De nombreuses cuisines du monde présentent des aliments fermentés. Les Chinois servent des œufs fermentés, les Suédois ont le «surströmming' (les harengs fermentés de la Baltique), et les Comoriens ont les "noix sagou fermentés". Ce plat prend un certain temps à préparer, mais il a un goût absolument exquis. La noix de Sagu est difficile à trouver de nos jours. Dans un village appelé «Mbéni» dans la région de Hamahame dans l'Archipel des Comores, vous pouvez toujours trouver cet arbre (palmier). L'arbre produit des fruits appelés sagou, et ces fruits sont séchés et enterrés (dans une tentative grossière de réfrigération) pour plusieurs jours. Ils sont ensuite cuits avec du lait de coco et du thon ou de la viande séchée de Madagascar.

Les noix de Sagou sont également séchées et moulues pour produire de la farine de sagou, qui peut être utilisée pour faire de la bouillie ou porridge.

Ingrédients
1 litre d'eau
500g de thon fumé séché
Une cuillèrée à café de sel
Une demi-cuillèrée à café de poivre noir
Une ou deux oignons émincés
Une tasse de lait de coco épais
2 kg de noix de sagou séchées et fermentées, coupées en petits triangles.

Méthode

Dans une casserole, porter l'eau à ébullition. Ajouter les fruits secs de sagou, le sel et le poivre. Couvrir, réduire le feu et laisser mijoter pendant environ une heure.

Ajouter le thon séché aux noix de sagou déjà cuites, en même temps que le lait de de coco.

Cuire pendant vingt minutes ou jusqu'à ce que les noix de sagu soient tendres.

* Laisser mijoter le plat pendant au moins 20 minutes de plus pour rendre les noix crémeuses.

Servir chaud.

Un plat de noix de sagou servi avec du poisson

Les ignames au thon

Temps de préparation 1 heure

L'Afrique de l'Est est bénie de disposer non seulement de fruits de mer, mais aussi des légumes-racines abondantes, qui sont très bonne pour la santé, et qui représentent les bases de notre alimentation quotidienne. En 2005, Christina Öhman, un producteur de télévision finlandaise, m'a demandé de produire un film avec elle qui a montré comment ma famille et moi coupions le jeûne quotidien pendant le mois de Ramadan. Le film devait durer 30 minutes, et bien sûr, j'ai accepté, et je n'ai pas été surpris de voir que ces légumes-racines sont nouveaux en Europe, en dépit des affirmations des Européens à la sophistication culinaire. Les tubercules comme le manioc, les patates douces et les ignames sont très difficiles à obtenir et très coûteux. Cela signifie que, pendant le Ramadan, je devais passer une commande spéciale avec Mariehamns Grönsaker (magasin de vente en gros) afin d'obtenir ces produits. J'ai toujours commandé un carton de chaque tubercule pour les conserver dans ma cave. Mais en 2005, la pression portait sur la préparation parfaite des légumes pour le programme de la télévision. Le plat a suscité une réaction surprise de la part de ceux qui l'ont testé, et l'un des techniciens s'est même un peu mordu la langue.

Ingrédients

1 gros igname (de près de 1,5 kg.)
1/2 piment
Une pincée de sel de mer
Une pincée de poivre noir moulu
1 citron vert (pour le jus)
400 g. morceau de thon
5 dl. de lait de coco épais
3dl.d'eau

Méthode

* Peler l'igname, le nettoyer correctement, et le couper en gros cubes

* Blanchir les cubes d'igname pendant 10 minutes.

* Eliminer toute trace d'eau de la casserole

* Assaisonner le morceau de thon et les ignames avec le sel, le piment et le poivre noir

* Ajouter le lait de coco et laisser mijoter le plat lentement jusqu'à ce que le poisson soit prêt.

* Terminer avec le jus de citron et servir.

Manioc séché avec de la viande de Madagascar (Makopa)

Temps de préparation 2 heures

Ce procédé de séchage de viande ou de manioc est un moyen de préserver la nourriture pour une utilisation pendant la saison des pluies.

Le manioc doit sécher au soleil pendant au moins 10 jours. La meilleure viande séchée provient de Madagascar, où la viande est salée, puis accrochée à l'extérieur pour de nombreux jours ensoleillés.

Ingrédients
1 tasse d'eau
500 g. de viande séchée de Madagascar (ou de la viande crue) coupée en cubes
Une cuillèrée à café de sel
Une demie cuillèrée à café de poivre noir
Une ou deux oignons bien émincés
Une tasse de lait de coco épais
Trois à six manioc séchées coupées en petites formes triangulaires

Méthode
Dans une casserole, porter une tasse d'eau à ébullition. Ajouter la viande, le sel et le poivre. Couvrir, réduire le feu et laisser mijoter.

Dans une autre casserole, faire cuire le manioc pendant plusieurs minutes. Réduire le feu. Ajouter le lait de coco et les oignons. Couvrir et laisser mijoter.

Ajouter les cubes de viande cuits au manioc. Cuire pendant 20 minutes ou jusqu'à ce que la viande soit tendre et le manioc cuit.

Servir le plat chaud.

Cuisson de manioc dans les rues de Dar es Salaam

Sauté de poulet et le gombo d'Irumbili

Temps de préparation 40 minutes

Nos ancêtres avaient leur propre manière d'aimer, et la polygamie était et est encore largement pratiquée parmi le peuple swahili. Cette polygamie n'est pas du tout oppressive envers les femmes. Au contraire, la pratique a contribué à assurer que les femmes ne deviennent pas des prostituées. Les femmes ont toujours su qu'il y aurait un homme qui subviendrait aux besoins de la famille.

Mon père avait quatre épouses, et l'une d'elles vivait dans un village appelé Irumbili. Il s'est marié là-bas, parce qu'il avait une ferme de canne à sucres et, après sa journée de travail, au lieu de marcher 10 kilomètres pour revenir à ma mère (qui vivait dans un autre village), il passait deux à cinq jours dans Irumbili. Il retournait ensuite chez ma mère avec des produits et de l'argent qu'il a gagné à Irumbili. Irumbili était un charmant village aux Comores et je l'ai vraiment aimé. On y trouve en abondance des légumes et des fruits. Quand j'étais petit, j'accompagnait mon père à sa ferme et nous ramassions des légumes comme le gombo, les épinards et les piments forts pour les vendre. La recette suivante est celle de la femme de mon père à Irumbili.

Un jacques entier

Ingrédients

Un poulet entier
200 g de jeunes gombo
200 g de chair de fruits de Jacquier

Bouillon de cuisson

1/2 tasse de bouillon de poulet
Un piment fort

Epices

Une pincée de cardamome
Une pincée de cannelle

Du gingembre écrasé
Trois cuillèrées à soupe de pâte de tomate
Une cuillèrée à soupe d'huile de sésame
Une cuillèrée à soupe d'huile végétale

Méthode

Couper chaque morceau de gombo en longueur et enlever les graines

Couper le poulet en petits morceaux. Chauffer l'huile végétale dans une poêle, et faites revenir le poulet. Lorsque le poulet est doré, ajouter les morceaux de gombo et faire sauter

Une fois que le poulet est tendre, ajouter le bouillon de cuisson, les ingrédients et porter à ébullition.

Ajouter les fruits du jacquier
Asperger d'huile de sésame et servir le plat avec du riz.

Chair du jacques

Riz au lait de coco (Wali WA nazi)

Temps de préparation 20 minutes

Beaucoup de personnes pensent qu'il est facile de cuire du riz, mais malheureusement, c'est une idée fausse. Dans ma période de conférencier culinaire en Tanzanie, je me suis rendu à un village appelé Mikumi, où il y avait un centre de formation professionnelle. Le village était à 50 kilomètres de Morogoro, où on récolte le meilleur riz en Tanzanie. J'adorais aller faire le tour du marché pour voir différents types de riz emballé dans des sacs. Ce riz était frais et a été battu à la main et non pas avec des machines, comme c'est le cas avec tout le riz vendu dans le commerce. Tout le marché sentait le riz frais, que les Tanzaniens appellent *mpunga*. Ce riz est vendu en sacs de 10 kg. La seule personne à qui je pouvais faire confiance pour cuire ce riz est ma petite soeur Safiya, qui vit à Morogoro. Elle sait vraiment comment préparer le riz au coco. La recette suivante m'a été montrée par ma petite soeur quand je lui rendait visite en Tanzanie.

Ingrédients
1 tasse 1/2 de riz, rincé
3 tasses de lait de coco
1/2 cuillerée à café de sel

Méthode
* Placer tous les ingrédients dans une casserole,

* Porter à ébullition.

* Cuire à feu doux jusqu'à ce que tout le liquide soit absorbé,

* Remuer plusieurs fois, puis couvrir.

* Éteindre le feu et laisser cuire à la vapeur pendant 30 minutes.

* Servir comme plat d'accompagnement pour le curry de poulet ou de ragoût de bœuf au curry.

Femmes comoriennes servant du riz avec amour et harmonie

Bananes Bukoba avec de la viande

C'est mon plat préféré quand je suis en Tanzanie. Bukoba est une ville proche de l'Ouganda, où les habitants mangent des bananes jour et nuit. Le restaurant où j'ai le plus apprécié ce plat est situé sur l'avenue Samora à Dar es-Salaam.

Ingrédients
• 1/2 dl. d'huile
• 5 bananes vertes (pas mûres)
• 1 litre de bouillon de boeuf
• 1 kg de boeuf, avec os
• 1 poivron vert
• 1 poivron rouge
• 1 grosse carotte
• 1 gros oignon
• 2 tomates
• 1 dl. de purée de tomate
• 1 gousse d'ail (facultatif)
• persil
• sel

Méthode
* Commencer à chauffer la moitié de l'huile dans une poêle à frire. Ensuite, placer l'oignon haché dans la casserole.

* Peler les deux tomates. Les couper en quarts. Retirer les graines, puis couper les morceaux restants épluchés et sans pépins.

* Après 5 minutes, ajouter les tomates pelées et coupées en dés sans pépins dans la poêle.

* Laisser braiser 5 minutes supplémentaires, tout en écrasant les tomates avec une écumoire.

* Passer le mélange et le mettre dans une casserole.

* Placer le boeuf dans le pot, et commencer à faire cuire dans de l'eau froide.

* Lorsque la viande est bien cuite, couper le feu et verser la viande.

Bananes Bukoba au restaurant de James, avenue Samora à Dar Es Salaam

Desserts

Vipopoo (boulettes)

Temps de préparation 30 minutes

Les boulettes sont un classique du dessert préféré lors du Ramadan à Zanzibar. Mais ce qui me surprend, c'est pourquoi il est appelé Vipopoo. Popoo signifie noix d'arec et sont consommées par la plupart des Asiatiques qui vivent à Zanzibar.

La noix d'arec n'est pas une vraie noix, mais plutôt une drupe. Elle est disponible dans le commerce soit séchée, fumée et fraiche. A l'état frais, l'écorce est verte et la noix à l'intérieur est si tendre qu'elle peut être facilement coupée avec un couteau normal. Dans le fruit mûr l'écorce devient jaune ou orange et, en séchant, la noix à l'intérieur durcit avec une consistance proche du bois. Habituellement, pour mâcher, quelques tranches de la noix sont enveloppées dans une feuille de bétel avec de la chaux et peuvent inclure du clou de girofle, de la cardamome, pour l'aromatisation. La feuille de bétel a un goût frais et poivré, mais qui peut être amer selon la variété, et c'est ce qu'on appelle "Thamboo" en Swahili.

Je pense que l'origine de Vipopoo attribué à ce plat viendrait de la forme des boulettes, dont la forme ressemble à la noix d'arec. Cependant ces boulettes n'ont pas le goût des noix d'arec, car c'est un dessert cuit et préparé avec du sucre et de la noix de coco. Mais «VI» signifie quelque chose de petit, ce qui justifie l'appellation du plat 'VIPOPOO », par analogie à plusieurs petites noix d'arec.

Ingrédients

10 dl. de farine blanche
15 dl. d'eau
1/2 cuillerée à soupe de sel
5 cuillerées à soupe d'huile
1000 ml. de lait de coco
1 cuillerée à soupe de cardamome
3 dl de sucre

Méthode

+ Faire bouillir l'eau et le sel
+ Ajouter la farine à l'eau bouillante en mélangeant vigoureusement jusqu'à obtenir une sorte de bonne pâte.
+ Pétrir la pâte sur la table en utilisant de l'huile
+ Préparer vos boulettes à la taille de petites noix rondes
+ Chauffer le lait de coco et ajouter le sucre avec la cardamome.
+ Cuire les boulettes dans le lait pendant environ 20 minutes.
+ Laisser mijoter le dessert pendant dix minutes
 Vous pouvez ensuite servir.

Bananes au lait de coco (Ndizi mbivu za mkono wa Tembo)

Temps de préparation 20 minutes

C'est l'un des délicieux desserts de l'Afrique orientale. Cependant, ce dessert fait aussi partie de l'alimentation quotidienne dans des lieux comme Aden, dans la péninsule arabique. J'ai été stupéfait de trouver ce dessert au menu d'un restaurant à Aden : Je n'en croyais pas mes yeux. Cette vision m'a d'un coup ramené les souvenirs avec les festins du mois de Ramadan que j'ai appréciés avec ma famille à Zanzibar.

Ingrédients
3 tasses de lait de coco
4 cuillerées à soupe de sucre
1/4 cuillerée à café de sel
4 grandes et longues bananes, coupées en deux, puis coupées en morceaux de 1 pouce. En Afrique de l'Est nous les appelons les mkono wa tembo. Les bananes doivent être de couleur jaune et mûres.
Cannelle (facultatif)
1 cuillerée à soupe de raisins secs
1 cuillerée à soupe de miel

Méthode
* Placer le lait de coco, le sucre et le sel dans une casserole

* Chauffer et remuer jusqu'à dissolution du sucre et que le lait commence à bouillonner.

* Ajouter les bananes, puis couvrir.

* Cuire à feu doux pendant 15 à 20 minutes.

85

* Répartir le contenu de la casserole dans 6 assiettes de service,

* Saupoudrer de cannelle, raisins secs et de miel chaud, puis servir

Tambi (nouilles sucrées)

Temps de préparation 20 minutes

Le premier pays au monde à utiliser des nouilles dans leur cuisine, après la Chine, n'était pas l'Italie, mais Zanzibar et la Somalie. Selon l'histoire, la Dynastie Ming (1368-1644) fondée par Han, un paysan chinois et ancien moine bouddhiste devenu chef de l'armée rebelle, a envoyé une flotte dans l'Océan Indien, aussi loin que la côte orientale de l'Afrique. Le Chinois ont apporté beaucoup de choses et certains d'entre eux s'installèrent dans les îles africaines, où ils ont établi de petites usines de nouilles. Cependant, Marco Polo (1254-1324), le plus célèbre occidental qui s'est rendu sur la Route de la Soie, avait déjà visité la côte est-africaine avec un équipage de marins chinois, dont certains sont restés là-bas. Cela prouve que Zanzibar, qui faisait partie de la Route de la Soie, a commencé à consommer des spaghettis bien avant les Italiens. En outre, ce sont les Chinois qui ont apporté ces nouilles à Zanzibar, et depuis, elles occupent une place importante du régime alimentaire de la Tanzanie.

Ingrédients
200 g de raisins sultan secs
1/2 tasse de sucre
4 cuillerées à soupe de ghee , fondu
1 cuillerée à café de cannelle moulue
4 paquets non cuits de nouilles aux oeufs de Zanzibar
3 dl.d'eau

Méthode
* Faire frire les nouilles et remuer les bien.

* Mélanger les ingrédients dans une casserole et bien remuer pendant la cuisson.

* Ajouter l'eau.

* Cuire à feu doux jusqu'à ce que les nouilles soient bien cuites.

* Laisser mijoter les nouilles pendant quelques minutes avant de servir

Vermicelles sucrées prêtes à servir

Pâtisserie

Gâteau comorien au forêt noir

Ingrédients

1 2/3 tasse de farine tout usage

1 1/2 tasse de sucre granulé

2/3 tasse de cacao non sucré en poudre

1 1/2 cuillerée à café de bicarbonate de soude

1 cuillerée à café de sel

1 1/2 tasse de yaourt frais (Mtindi)

1/2 tasse de matière grasse

2 oeufs

1 cuillerée à café de graines de vanille des Comores

1/2 tasse de liqueur de cerise

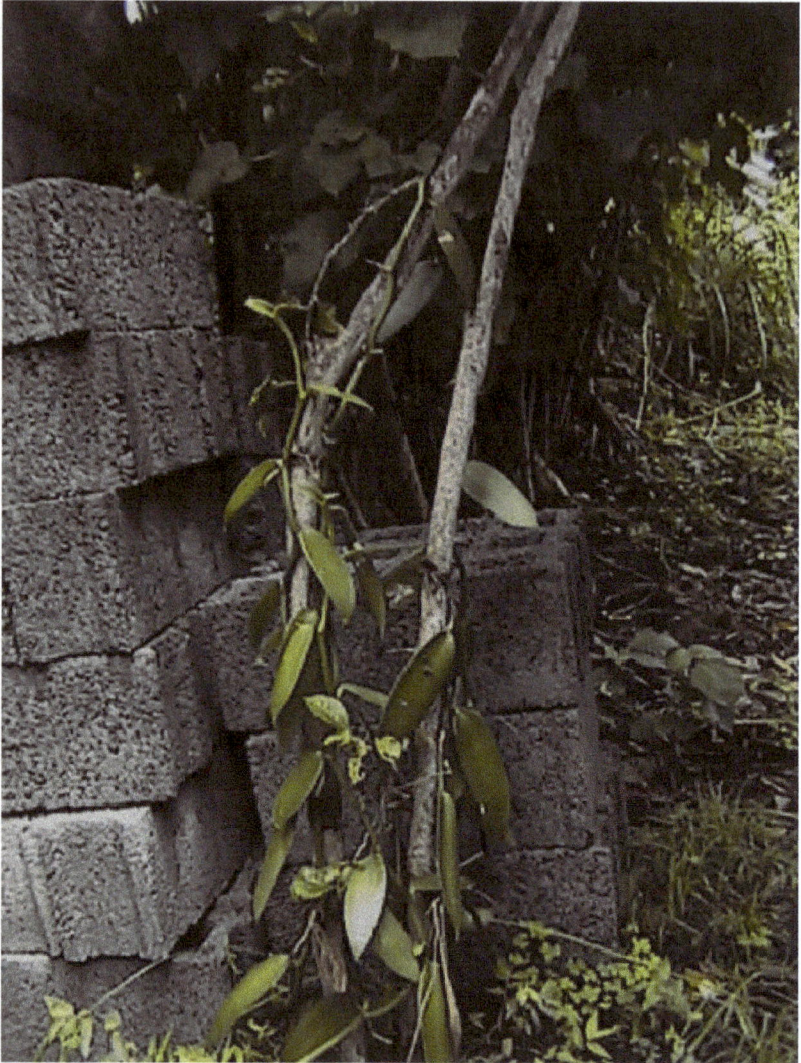

Pied de vanille aux Iles Comores

Remplissage :

1 tasse de sucre en poudre
1 pincée de sel
1 boîte (0,5 litre) de cerises dénoyautées, égouttées
1 tasse de crème à fouetter

1/2 cuillerée à café de graines de vanille des Comores
1 cuillerée à soupe de liqueur de cerise

Topping

1 carré de chocolat mi-sucré

Méthode
* Préchauffer le four à 175 degrés C.

* Recouvrir les fonds de deux casseroles rondes 20 cm de diamètre avec des cercles de papier parchemin ou tout simplement graisser les moules.

* Tamiser ensemble la farine, le cacao, le bicarbonate de soude et 1 cuillerée à café de sel. Mettez de côté.

* Fouetter la crème et le sucre jusqu'à consistance légère et mousseuse.

* Ajouter les oeufs et bien battre.

* Ajouter les graines de vanille.

* Ajouter le mélange de farine en alternant avec le lait graduellement; battre jusqu'à ce que les ingrédients soient mélangés.

* Verser dans 2 casseroles rondes de 20 cm de diamètre. Cuire au four pendant 35 à 40 minutes, ou jusqu'à ce qu'un cure-dent inséré dans le gâteau en ressorte propre.

* Laisser refroidir complètement.

* Retirer le papier (le cas échéant) sous les gâteaux.

* Couper chaque couche en deux, horizontalement, faisant 4 couches.

* Asperger les couches avec 1/2 tasse de la liqueur de cerise.

* Dans un autre bol, battre la crème en neige.

* Incorporer 1/2 cuillerée à café de vanille et 1 cuillerée à soupe de liqueur de cerise . Ajouter le sucre en poudre, et une pincée de sel.

* Battre les ingrédients de nouveau.

* Etaler la première couche du gâteau avec 1/3 de la garniture (utiliser 1/2 du remplissage si vous n'avez que 2 couches au lieu de 4).

* Recouvrir de 1/3 (2/3) des cerises.

* Faire de même avec couche(s) restante (s).

* Glacer le dessus et puis les côtés du gâteau.

* Saupoudrer de copeaux de chocolat réalisés à l'aide d'un éplucheur de pommes de terre le chocolat mi-sucré à cuire.

Vanille organique sèche aux Iles Comores.

Pain Bwan Tam (Mkate WA Bwan Tamu)

Ce ne sont pas seulement les femmes swahili qui cuisinent; même nos pères étaient de très bons cuisiniers. La plupart de nos ancêtres étaient des agriculteurs et beaucoup avaient des fermes dans des lieux différents. Par exemple, mon père avait environ sept exploitations très éloignées les unes des autres. Cela explique pourquoi mon père devait avoir plus qu ne femme (mais, conformément à la religion islamique, pas plus de quatre). Néanmoins, quand il devait travailler dans une ferme où il n'avait pas de femme, il n'avait pas d'autre choix que de faire sa propre cuisine.

Quand j'étais petit, j'ai une fois demandé à ma grand-mère d'où provenait le pain Bwan Tamu, et elle avait pris l'habitude de me raconter l'histoire suivante au coucher.

Il était une fois un vieil homme appelé Bwana Tamu qui se rendit à sa ferme avec seulement le riz et le yaourt que sa femme lui a donnés. Toutefois, il voulait également du pain qu'il a dû préparer lui-même ce jour-là à la ferme. Il fut très surpris que le pain ait été bon et, il en apporta un morceau à sa femme, et sa femme appela ce pain Bwan Tamu.

Ingrédients
4 tasses de riz concassé
1 cuillerée à soupe de cardamome moulu
Sel et poivre noir
1/3 kg de flocons de noix de coco
1 tasse d'eau
Des feuilles de bananier ou de papier d'aluminium

Méthode

* Faire chauffer l'eau dans une casserole. Ajouter le sel dans l'eau et remuer jusqu'à ce qu'il se dissolve complètement.
Retirer du feu.

* Ajouter la noix de coco râpée, de la cardamome et du riz concassé. Mélanger soigneusement. Laisser reposer la pâte pendant environ deux heures. Façonner la pâte en différentes formes comme des étoiles, la lune, etc.

* Graisser une feuille de bananier fraiche et placer les formes sur elle. Couvrir les formes avec une autre feuille de bananier fraiche.

* Faire cuire dans un four moyennement chaud jusqu'à ce que le dessus des feuilles soient brunes. Servir à 10-12 personnes.
- Laisser refroidir
-Servir avec du café chaud épicé au gingembre.

Pain Zabadi

Ingrédients

50 g. de levure
9 dl. de yaourt frais
11/2 litre de farine blanche
2 cuillerées à café 'anis ou de vanille
2 cuillerées à café de graines de fenouil
1 dl. huile
1 tasse de sirop ou de sucre
1 cuillerée à café de sel
 Cuire au four à 175 degrés centigrades pendant 11/2 heure

Méthode

* Mélanger la levure avec le sucre et le sel.

* Chauffer le yaourt à 60 degrés centigrades.

* Mélanger complètement tous les ingrédients à la main.

* Laisser lever la pâte pendant environ 40 minutes.

* Former votre pain à la forme désirée sur un plateau de moule graissé.

* Laisser de nouveau lever la pâte pendant environ 40 minutes.

* Faire cuire votre pain à 175 degrés pendant environ 11/2 heures.

* Mélanger et battre pour éliminer les grumeaux (de préférence à la main plutôt qu'avec un appareil), immédiatement vous pouvez faire cuire un grand pain dans un grand plat à four ou dans un petit plateau de moule à muffins.

Gâteau de noix de coco

Ingrédients
8 dl. de farine blanche
1 dl. de lait de coco épais
1 cuillerée à café de bicarbonate
1/2 cuillerée à café de sel
6 dl. de flocons de noix de coco finement râpée
1 tasse de beurre mou
6 dl de sucre granulé
3 gros oeufs
1 1/2 cuillerée à café de vanille
4 dl de lait
La garniture : 3-4 cuillerées à café de confiture et noix de coco râpée

Méthode
Préchauffer le four à 180 degrés

Graisser un moule avec du beurre

Mélanger la farine, le lait de coco, la poudre à pâte et le sel

Mettre le sucre et le beurre dans un bol de mélange et fouetter

ajouter progressivement les oeufs et ensuite la vanille

ajouter le mélange de farine en alternant avec le lait

cuire au four pendant 45-50 minutes

laisser le gâteau reposer dans le moule pendant 3 minutes puis le mettre sur un plat de service et brosser à chaud le dessus et les côtés avec de la confiture puis saupoudrer de noix de coco

Gâteau comorien brun

Ce gâteau est servi tous les jours de fêtes aux Comores. Ce dessert a une longue histoire dans ce pays, mais tout le monde n'est pas capable de le cuire correctement. Sa cuisson de ce exige une certaine habileté et de patience. Je ne connais vraiment pas l'histoire de ce dessert, mais son nom comorien est «mkate wa dugu dugu» (littéralement, «le pain de haut en bas»). Il faut 48 heures de préparation, et pas moins d'une équipe de 10 cuisiniers.

Lors de la préparation, assurez-vous que l'eau est à une faible ébullition constante. Si l'eau cesse de bouillir, il pénètre dans le gâteau et le rend détrempé.

Ingrédients
1 kg. de farine de riz
2000 ml. de crème de lait de coco
4 g de cardamome
1750 g. miel
19 g. de de poivre noir comorien
10 g. de noix de muscade en poudre
10 g. de cannelle en poudre
10 g. de clous de girofle en poudre
10 g. de graines de carvi
200 g de ghee
Une grande quantité d'eau

Méthode
* Mélanger tous les ingrédients dans un bol à l'exception du ghee

* Bien préparer le mélange .

* Graisser le plat que vous allez utiliser pour faire cuire le gâteau, avec le ghee.

* Verser le mélange dans la casserole.

* Verser de l'eau dans une autre casserole, qui est plus grande que celle contenant le mélange à gâteau. Elle servira de bain-marie

* Placer la casserole avec le gâteau bain-marie.

* Le plat doit être assez grand pour contenir à la fois le gâteau et de l'eau déplacée; ajouter de l'eau si nécessaire.

* Continuer à remuer le mélange à gâteau pendant la cuisson.

* L'eau doit être constamment bouillante, ou le gâteau va se détremper.

* Terminer la cuisson du gâteau en le mettant dans le four à une température de 150 degrés centigrades jusqu'à ce qu'il soit sec.

* Ne le couvrez pas.

* Dès qu'il est sec, placer le au réfrigérateur et servir froid.

Gâteau brun comorien

Biscuits comoriens à la cannelle

Ingrédients :

2 tasses de sucre
2 bâtons de beurre (1 tasse), ramolli
2 oeufs
2 cuillerées à café de graines de vanille des Comores
1 cuillerée à café de zeste de citron
3 tasses de farine blanche
1/2 cuillerée à café de sel
2 cuillerées à café de levure chimique
1 tasse de noix de cajou ou d'arachides, hachées
3 cuillerées à soupe de cannelle moulue

Méthode

* Préchauffer le four à 190°C. Battre le beurre et le sucre jusqu'à consistance crémeuse.

* Ajouter les oeufs un à la fois. Ajouter la vanille et le zeste de citron.

* Utiliser un autre bol pour mélanger la farine, le sel et la levure chimique.

* Ajouter au mélange de beurre et bien homogénéiser.

* Dans un petit bol, mélanger 1 tasse de noix de cajou concassées et 3 cuillerées à soupe de cannelle.

* Rouler la pâte en boules de la taille d'une cuillerée à soupe. Ensuite, rouler dans le mélange de cannelle noix. Cuire les biscuits au four à 190°C pendant 10 minutes.

Biscuit comorien à la cannelle avec un gâteau comorien.

Mkate wa Chila

Pain Chila

Ingrédients
5 dl. de farine de riz (moulu)
3 dl. de farine de riz fine
4 dl. de crème ou de lait de coco concentré
4 dl. Eau
13 g de levure fraîche ou de levure sèche
4 cuillerées à soupe de sucre
1 cuillerée à café de sel
Une pincée de cardamome
Une pincée de poivre noir moulu
Ghee

Méthode
* Faire tremper la farine de riz moulu pendant 3 heures dans l'eau

* Mélanger la levure avec le sucre et le sel

* Réchauffer le lait de coco à 60°C

* Mélanger complètement tous les ingrédients à la main.

* Laisser lever la pâte pendant environ 3 heures.

* Laisser lever la pâte pour 40 minutes supplémentaires.

* Frire vos crêpes "Chila" sur un seul côté à feu moyen jusqu'à ce
que tout sèche tout en couvrant la poêle.

Conseils :

Utiliser une poêle à blini russe pour faire sauter les crêpes.

Mkate wa Chila

Mkate wa kusukuma («Pain de traction et de poussée»)

Je pense que c'est le pain le plus populaire pour le peuple swahili lors du mois de Ramadan. Pourtant, il semble être tout aussi populaire toute l'année. Sur le continent, il est appelé Chapati. Aux Comores, il est appelé "Mkate wa mardufu". A Zanzibar et Mombasa, il est appelé «Mkate wa kusukuma». Ce pain est traditionnellement préparé avec de la farine Attar, une farine d'une franche couleur brun foncé.

La farine est une substance poudreuse obtenue par broyage ou le brassage de la graine de blé entière. Utilisée pour les gâteaux, mais généralement mélangée à d'autres farines «blanches» pour améliorer la qualité nutritionnelle, la texture, la teneur en fibre, et la tenue du produit fini. Habituellement, la farine de blé entier n'est pas le principal ingrédient de produits de boulangerie car elle est dense et ne lève pas aussi bien que les farines blanches. Cela ajoute au coût par volume de l'article cuit, car il nécessite plus de farine pour obtenir le même volume en raison du faible nombre de très petites poches d'air piégées dans les produits levés de boulangerie.

Le mot «entier» se réfère au fait que le grain entier est utilisé et rien ne se perd dans le processus de fabrication de la farine. Parce que la farine contient tous les composants du grain entier, il a un aspect texturé, brunâtre. Le pain fabriqué avec de la farine Attar est plus nutritif que le pain "blanc" fait de farine blanche blutée, même lorsque les nutriments sont rajoutés à la farine blanche. C'est parce que le pain Attar est moins raffiné et renferme plus de vitamines et de minéraux naturels.

Mkate wa kusukuma est originaire de l'Inde. Il est préparé à partir de farine attar ou ce qui est appelé la farine de blé dur, de l'eau et du sel. La pâte est roulée sur un disque d'environ douze centimètres de diamètre, dorant les disques des deux côtés sur une poêle très chaude, avec de l'huile. Mais à Zanzibar, le beurre de Kismayoa été utilisé a été utilisé à l'origine. C'est le processus de laminage de la pâte avec un rouleau à pâtisserie qui conduit les Swahili à nommer ce pain "Mkate wa Kusukuma".

Une femme Swahili préparant Mkate wa kuskuma dans sa cuisine

Ingrédients

225 g de farine de blé entier (attar, ou blé dur)
3 cuillerées à soupe de ghee
150 ml d'eau chaude
Saler au goût
1 cuillerée à soupe de matière grasse de ghee

La pâte du pain est prête à la friture

Méthode

* Mélanger le beurre fondu à la farine.

* Mélanger dans l'eau chaude pour former une pâte.

* Frictionner la pâte pendant 5 minutes.

* Diviser la pâte en 8 portions.

* Etaler chaque boule sur une surface légèrement enfarinée pour un diamètre de 12 cm.

* Badigeonner la surface supérieure de ghee fondu, puis plier en deux et rouler à nouveau.

* Badigeonner la surface supérieure de nouveau avec du ghee fondu puis plier en deux et rouler.

* Faire chauffer une poêle à fond épais jusqu'à ce qu'elle soit chaude.

* Ajouter un peu de ghee fondu dans la poêle.

* Frire le pain pendant 30 secondes de chaque côté.

* Ajouter un peu de ghee fondu sur les bords du pain en le tournant

* Retirer le pain de la poêle quand il commence à brunir.

Le pain Mkate wa kuskuma est prêt dans le plat

Pain Ajemi (Mkate wa Ajemi)

Ceux qui ont vécu à **Funguni**, Zanzibar doivent avoir vraiment apprécié "Ramadha" les années passées. Ils se rapelleraient facilement ce pain Ajemi. Quand j'étais jeune, je pensais que la personne qui a préparé ce pain à "Funguni", portait le nom de "Ajemi". Vint alors le moment où j'ai compris que j'avais tort.

"**Arak-Ajemi**" est une ville ou un village situé au nord-ouest de la Perse proprement dite, au sud et sud-ouest de la mer Caspienne, à l'est de l'Arménie et de l'Assyrie, à l'ouest et au nord-ouest du grand désert de sel de l'Iran. Sa plus grande longueur allait du nord au sud, et dans ce sens, il s'étend du 32 ème au 40 ème parallèle, sur une distance de 885 kilomètres. En largeur, elle s'étend d'environ 45 degrés à 53 degrés de longitude, mais sa largeur moyenne n'était plus que de 402 à 482 kilomètres. Je ne suis pas surpris que ce pain soit devenu populaire à Zanzibar, parce que les Perses (Washirazi) ont une présence notable dans la culture swahili.

Ingrédients
3 dl de farine blanche
6 dl de farine atta (ou farine de blé dur, farine de blé entier)
25 g de levure fraîche ou levure sèche
1/2 litre d'eau
Huile d'olive pour la manipulation de la pâte
11/2 cuillerée à café de sel

Méthode
* Tamiser la farine dans un grand bol à mélanger.

* Dissoudre la levure dans 1/4 tasse d'eau tiède; ajouter 1tasse 1/2 de l'eau restante et le sel.

* Verser le mélange de la levure au milieu de la farine et travailler progressivement.

* Battre avec vos mains pendant 20-30 minutes, ou utiliser le crochet pétrisseur sur un mélangeur électrique et battre pendant 20 minutes, en ajoutant graduellement le reste des 3/4 d'eau restant de la tasse dans la pâte autant qu'elle peut en absorber (comme la pâte est battue elle sera en mesure de prendre un peu d'eau).

* Préchauffer le four à température élevée (autour de 400°C ou plus), et placer une plaque sur l'étagère centrale pour la préchauffer pendant 10-15 minutes; quand elle est chaude, huiler la légèrement avec un petit chiffon trempé dans l'huile.

* Tournez la pâte sur une planche huilée (pas besoin de vérifier la pâte); huiler vos mains et diviser la pâte en 6 parties, rouler chaque morceau en une boule.

* Etaler chaque boule le plus finement possible avec un rouleau à pâtisserie huilée et piquer le fond avec une fourchette ou moulinet, en 3-4 lignes verticales sur la surface.

* Prendre le rond de la pâte et l'étirer un peu du côté du dos de vos mains, et placer la pâte sur la face lisse d'un coussin ou d'une protection.

* Retirer la grille où se trouve la plaque chauffée, puis renverser le coussin dessus et appuyer sur elle.

* Fermer le four et cuire 1 minute, puis tasser la pâte pour empêcher le pain de gonfler.

* Cuire jusqu'à ce que la surface soit pleine de bulles (environ 3 minutes), puis retourner le pain et cuire 2 minutes de plus.

* Retirer le pain du four et l'envelopper dans une serviette.

* Laisser le four en position de préchauffage pour pouvoir recommencer.

Conseils

Ne pas laisser la pâte roulée se reposer avant la cuisson; préparer juste avant la mise au four.

Vitumbuwa

Je ne sais pas pourquoi ce plat est appelé **vitumbuwa**. Cependant, quand j'étais à Tokyo en 2005, j'ai visité le plus grand sanctuaire japonais et en face de ce lieu de culte, on vendait la nourriture comme à **Forodhani** à Zanzibar. Vous pouviez acheter des patates douces cuites et du **vitumbuwa**, fourrées avec des poulpes et salées. La pâte et la farce étaient exactement comme le **Vitumbuwa** de Zanzibar, mais sans l'utilisation du lait de coco. A la place, c'était le lait de vache, la farine de riz et de la levure. Ils avaient une poêle à frire électrique spéciale pour les besoins de friture. La geisha qui était avec moi fut surprise quand je lui expliqua que nous avons un tel plat à Zanzibar.

Ingrédients
5 dl. de riz moulu
3 dl. de farine de riz fine
4 dl. de crème ou de lait de coco concentré
4 dl. d'eau
13 g. de levure fraîche ou levure sèche
4 cuillerées à soupe de sucre
1 cuillerée à café de sel
Une pincée de cardamome
Une pincée de poivre noir moulu
Huile pour la friture

Méthode
* Faire tremper la farine de riz moulu pendant 3 heures dans l'eau

* Mélanger la levure avec le sucre et le sel.

* Chauffer le lait de coco à 60°C.

* Bien mélanger tous les ingrédients à la main.

* Laisser lever la pâte pendant environ 3 heures.

* Laisser de nouveau lever la pâte pendant environ 40 minutes

* Frire le vitumbuwa dans une poêle jusqu'au brunissement.

Conseils :
Utiliser une poêle japonaise ou une poêle normale de Zanzibar.
Ne pas utiliser beaucoup d'huile dans le processus de friture.

Une friteuse spéciale pour cuire vitumbuwa à Dar Es Salaam

Vitumbuwa prêts à servir

Mkate WA Kumimina ou Mkate WA sinia

C'est une sorte de pain, que vous pouvez manger l'après-midi avec du thé **Masala**. Mais il a deux noms différents : **Kumimina**, qui signifie "pain qui coule" ou **Sinia**, qui signifie "servir le pain de la plaque."

Ingrédients
4 dl. de riz bosquet broyé
2 dl. de farine de riz fine
4 dl. crème de lait de coco ou lait de coco concentré
2 dl. d'eau
13 g. de levure fraîche ou levure sèche
4 cuillerées à soupe de sucre
1 cuillerée à café de sel
Une pincée de cardamome
Une pincée de poivre noir moulu

Méthode
* Faire tremper la farine de riz moulu pendant 3 heures dans l'eau

* Mélanger la levure avec le sucre et le sel

* Chauffer le lait de coco à 60°C

* Bien mélanger tous les ingrédients à la main.

* Laisser lever la pâte pendant environ 3 heures.

* Préchauffer le four à 250°C. Tapisser les fonds de deux moules ronds de 20 cm de diamètre avec des cercles de papier parchemin ou tout simplement graisser les moules. Tamiser la farine de riz.

* Verser la pâte dans la poêle et au four pendant 25 minutes jusqu'à ce que le pain soit brun. Servir froid.

Pain Pizza (Mkate WA parapata)

Ceux qui ont vécu à Funguni à Zanzibar ou à Nairobi River Road devraient connaître ce pain. Cependant, son secret n'est pas bien connu. Il y a tant de milliers de recettes de pain de pizza, mais le pain qui a été préparé à ces deux endroits est en fait une recette de Boukhara, une région de l'Afghanistan. Je ne sais vraiment pas comment cette recette est arrivée à Zanzibar, mais au cours de mes recherches j'ai trouvé que Marco Polo n'a pas seulement importé les spaghettis (Tambi) d'Asie vers l'Italie, mais qu'il a aussi pris ce pain quand il a visité Bukhara en Afghanistan puis Aden dans la Péninsule Arabique. De là, les Arabes l'ont apporté à Zanzibar. La question brûlante reste cependant : qui a effectivement créé la recette de la pizza? Les habitants de Boukhara sont les anciens Phéniciens qui ont fabriqué un tel pain depuis 500 avant JC. À Boukhara, on utilise le sucre et au Yémen, c'est le miel. Ce pain est devenu très populaire à Zanzibar dans les années 50 et 60. A Nairobi, River Road, il y avait des Arabes yéménites qui tenaient un café (mkahawa). J'ai une fois visité ce café, et l'endroit était tellement bondé de 6h00 du matin à minuit qu'il était impossible d'obtenir une place pour s'asseoir. La seule option était d'obtenir la nourriture à emporter. C'était en 1968, quand j'étais sur le chemin pour les Comores.

Ceux qui vivaient à Funguni devaient attendre 10-20 minutes pour obtenir le pain farci aux bananes mûres, ou au kebab d'agneau. Ce pain était délicieux. Je n'ai pas de mots pour décrire le goût de ce pain. La meilleure parapata est cuite dans un four ressemblant à celui de la pizza, avec du feu de bois toute la journée.

Préparation du pain parapata à Mombasa

Ingrédients

28 de levure fraîche pour gâteau
1 cuillerée à soupe de miel
2,5 dl. d'eau
4 dl. de farine
1 cuillerée à café de sel
1 cuillerée à café de graines de cumin

Méthode

* Mélanger l'eau, la levure et le miel. Laissez reposer pendant 10 minutes.

* Mettre la farine dans un bol et saupoudrer de sel.

* ajouter l'huile et la levure au mélange.

* Remuer et ajouter de petites quantités d'eau jusqu'à ce qu'elle forme une pâte molle qui peut être moulée.

* Pétrir pendant 5 minutes. Recouvrir de papier et laisser lever pendant 1 heure 1/2.

* Diviser la pâte en huit parties et rouler chaque partie en boule.

* Rouler chaque pain en une forme ovale de 20 cm de long et 5 cm d'épaisseur.

* Tracer des lignes au haut de la pâte.

* Saupoudrer de graines de cumin noir.

* Cuire dans un four préchauffé à 250°C pendant 10 minutes.

Préparation du pain parapata

Salsa (Kachumbar)

Salsa à la mangue (Kachumbar ya Embe)
1 grand concombre
2 mangues vertes
1 oignon rouge
1 piment rouge
5 cuillerées à soupe de sel
3 noix de cajou
1/2 cuillerée à café de curcumin
2 cuillerées à soupe d'huile d'olive
4 cuillerées à soupe de vinaigre rouge
4 cuillerées à soupe d'eau
2-4 cuillerées à soupe de sucre, au goût

Méthode
* Couper le concombre en longueur en quartiers et les couper en morceaux de 1 cm

* Peler et couper les mangues de la même façon.

* Mélanger les concombres et les mangues avec 2-4 cuillerées à soupe de sel et laisser reposer pendant une heure.

* Préparer la marinade pendant que le sel extrait l'eau du concombre et de la mangue

* Piler les noix dans le mortier avec du curcumin. Ajouter un peu d'eau (1 cuillerée à café) de sorte que le mélange de la noix et du curcumin peut former une pâte.

* Faire chauffer l'huile et y faire revenir les noix, le mélange de curcumin jusqu'à ce qu'il soit doré et que l'huile prenne une riche couleur jaune.

* Laisser refroidir et ajouter l'eau, le vinaigre rouge et le sucre.

* Quand le concombre et la mangue sont prêts, éliminer l'eau, bien rincer à l'eau froide pour éliminer l'excès de sel et de drain.

* Ajouter la marinade, les rondelles d'oignon et les piments coupés en fines lanières (sans les graines)

* Conserver dans un endroit frais pendant au moins une heure, puis servir.

www.ingramcontent.com/pod-product-compliance
Lightning Source LLC
Chambersburg PA
CBHW051430090426
42737CB00014B/2901